SINDETS FABRIKATIONER

EN LILLE BOG OM KLOGSKABENS APORIER

Kim Gørtz

© 2021 Gørtz, Kim, Sagaro Recordings & Publishing
Frontcover: Justice Dodson
Forlag: BoD – Books on Demand, København, Danmark
Tryk: BoD – Books on Demand, Norderstedt, Tyskland
ISBN: 9788743029021

Giorgio Trovato

Sindets kroge og afkroge; begreber om (af)sindighed

Ja, som opdaget, formentlig, danner denne bog ikke basis for et forord. Åbenbart. Hvilket er noget, der ikke nærmere vil blive italesat. Ej heller synes der at forekomme en art indledning eller introduktion; vi går så at sige; 'lige på'. Lige på hvad? Kan man spørge velsagtens.

Lige på ... eller til ... sagens kerne, nemlig sindet ... hele dette aspekt som dette tilstræber at favne og endog omfavne, og med denne sådan rimeligt præcise fænomenologiske parole fra den gode Husserl, stikker vi ikke blot ind/af i begrebs-gymnastik, men åbner nemlig også op for en erfarings- og endog oplevelses-kategori (for nu stadigvæk at lyde lidt aristotelisk og delvist kantiansk).

Således sagt og skrevet skal vi rundt om dagligdagssproget og undersøge hvordan ordet sådan lidt mere eller mindre stringent anvendes, og dermed mindes vi måske både lidt om Heidegger og den sene Wittgenstein; alt det der med etymologiske strækøvelser og sprogbrug inden for den gældende livsform og det dominerende sprogspil (for nu også at give den en anelse Foucault'sk tvist).

Aha, således ind i (af)sindigheden, besindigheden, ind i sindet, og hvor Hegels typisk anerkendte hovedværk, eller skulle man sige langt fra helt igennem anerkendte hovedværk; "Åndens fænomenologi", oversættes til "mind" eller "spirit" (altså hvad angår "ånden" i titlen); dette kan være os en *re-minder* på, at 'sindet' åbenbart kan tænkes dels som "mind" (bevidsthed?) og/eller dels som "ånd".

Imidlertid tænker jeg, i dette skrift, i denne pjece (a la Søren K.?) eller i dette hæfte, dette mindre indlæg, og netop ikke tillæg (jf. appendix og nærmest epilog), sindet som noget andet end ånden, og dog må det være muligt for ånden at kunne trænge ind i sindet. Men ånden og sindet er ikke det samme, snarere synes sindet, uanset om der bliver talt om mindfulness (mega-trend?) og/eller mindlessness (sådan a la lidt zen-agtigt; Dôgen), at være nærmest fjenden, ligesom den del af "tanken" og/eller "tænkningen" som vi åbenbart skal og må bekæmpe eller ligefrem forsage, hvis vi virkelig vil og kan opnå indsigt, frelse og forsoning; den højeste bevidsthedstilstand (der jo ikke så underligt går under mange navne, som i øvrigt er mere eller mindre ret-visende).

Nuvel, således ser det ud til at sindet og tanken skal elimineres, eller ihvertfald ikke skal være den dominerende faktor i ... havde jeg nær sagt ... det menneskelige sind; men besindelse lyder jo godt, og sindsfylde, m.m., forekommer jo åbenbart også ganske vigtigt og interessant. Så hvordan er det nu lige med dette sind, og sindets så-kaldte fabrikationer (jf. titlen på dette hæfte), hvordan er det nu lige at sindet arbejder, mere eller mindre bag om ryggen på os selv, og hvem er nu også lige denne eller dette som sindet arbejder bag om ryggen på, som jo velsagtens ikke kan være (i) sindet?

Så hermed er der angivet en potentiel exit og vej, og arbejdet består vel i at udforske sindet i takt med at man netop således finder ud af, hvad sindet er, og hvad sindet som begreb henviser til: Hvis nu sindet er et opmærksomhedsfelt, det erfarede oplevelsesrum, der hele tiden fremtræder for den eller det vi endnu ikke helt ved hvad er, så spaltes der ligesom et anlæg ud i det, der er bevidsthed om, og som sker, og det som der (endnu) ikke er bevidsthed om, og som sker. Hertil må vi vandre, udforske, og dermed søge (rundt i) sindets kroge og afkroge, og dog hverken forsvinde eller fortabe os i af-krogene eller for den sags skyld hænge (for meget) fast i krogene...

Og endnu vildere eller værre bliver det at finde ud af hvem eller hvad der skal arbejde sig ud af hvem eller hvad; og hvad det er der evt skal be-arbejdes ... lad os se på sagerne...

At fabrikere aporier

Når man fabrikerer noget, så fremstiller, frembringer eller i det hele taget forfærdiger man noget, dvs. producerer, og i det hele taget laver noget; så hvad er det egentlig, at sindet laver? Og når det handler om aporier i sindet, så vil det sige, i det mindste i filosofisk og delvist i retorisk forstand, at vi her bevidner et puslespil eller en tilstand af forundring, ligefrem endda en tvivls-erklæring og en indvending, kort sagt, en betænkelighed. Hvor betænkeligt er sindet mon?

Det er ikke fordi at sindets fabrikationer er betænkelige som sådan, og ej heller er alle de strukturer, mønstre og netop kroge i sindets aktivitet tvivlsomme, men de skaber forundringer og indvendinger. Og selvom at afkrogene i sindet også kan producere omtvistelighed, m.m., sigter spørgsmålet om aporier snarere, som undertitlen også markerer, efter forundringen i, ved og over klogskaben (og fraværet heraf) i det menneskelige sind.

Så hvad er det at sindet fabrikerer, når det kommer til stykket, og er det muligt at forestille sig, og måske endda være, et tomt sind, dvs. et sind helt uden fabrikationer, eller drejer det sig i virkeligheden om at forlade sindet og dets fabrikationer, og så at sige ikke lade sig blive fanget af dets kroge og forsvinde i dets afkroge? Og i så fald; hvad eller hvem er det så, der dels formår at iværksætte denne forladelse fra sindet eller denne tømning eller rydning af sindet, og dels er den eller det, der forlader sindet, og dels den eller det, der forbliver tilbage i ... og endda som ... det tomme sind? (No-mind!)

Lad os besvare dette på en enkelt og kortfattet måde, uden referencer til alskens litteratur og tanker om emnet, for der gives ikke så lidt bud og ord herpå, lad os blot anslå følgende mulige forhold, nemlig at på et givent tidspunkt opstår tilstrækkelig viden, bevidsthed og dermed kløgt eller klogskab nok til at indse den konstante og selvsagt varierende fabrikation, og samtidig eller dernæst indtræffer der som regel et ønske om eller et behov efter at styre eller at slippe dette, og i det mindste ikke lade sig påvirke specielt meget heraf.

Om sindet er tankevirksomheden, nervøsiteten, bekymringerne, om sindet udgør og udtrykker hele den personligheds-psykologiske forfatning og dannelse, om hvilken der er skrevet så meget; om sindet står i modsætning til sjælen og menneskets væsen, som man fx kan ane og spore, høre, og læse sig til i fx russisk filosofi, østerlandsk tankegang og yoga-filosofi samt via meditativ praksis, mm., og om tanken eller for den sags skyld egoet er bissen og den uvorne unge i klassen; alt sammen peger (næsten altid) på at frelsen sker gennem;

1. At frisætte, minimere eller decideret eliminere, fjerne tænkningen, egoet og sindets fabrikationer fra sjælen eller det menneskelige væsen, dvs. her bliver afkoblingen og stillesættelsen med roens indtræffen til vejen og samtidig den spirituelle åbning. (Oplyst!)

2. At sjælen og det menneskelige væsen lever i og med personlighedens dannelse, struktur, maskerade og dertil hørende mønstre og strukturer, velvidende om, at dette ikke er og

6

aldrig kan være eller blive én selv, dvs. man bor og opholder sig sjæleligt og væsentligt set i et hus, der ikke er ens eget, men blot en skal, hvori der er ly og mange spejle. (Oplyst?)

Sikke en klogskab og forundring; sindets apori, en betænkelighed...

Om dumhed

Så en af de nærliggende interesser må være for et sind, som producerer klogskab, i sidste ende, i en sådan grad, at sindet ender med at eliminere sig selv, eller i det mindst blive tilsidesat, som en art paralyse-agtig tilstand, proces og situation; hvad vil det sige at være dum, skabe dumhed, dumme sig; hvor dum kan eller skal man være?

Og hvordan fabrikeres dumhed, er det mon en fejl i og med frembringelsen? Hvor dumt er det lige at lave sin egen undergang, dvs. forfærdige sin egen bortgang, nedbrud og ligegyldighed? Hvordan kan og hvordan skal vi dog tage ved lære af sindets idioti? Og hvem er det egentlig, at jeg skriver til lige nu, mig selv, sindet, sjælen, det menneskelige væsen; og hvem eller hvad er det, der skriver ... og hvad er det egentlig, at der skrives om ... helt ærlig; hvad drejer dette sig om ... intet forord, ingen introduktion ... helt ærlig; hvor dum kan man være, blive, og fortsat være, blive ved med at være?

Alle kunne sikkert sætte sig, eller blive stående selvsagt, løbende endog, og forholde sig til klogskab og dumhed, idioti, og alle kunne måske enten beskæftige sig hermed velovervejet, mere eller mindre, udfolde utroligt lange og trange, åbenlyse og inspirerende bøger, tekster, sange, etc. herom; og spørger man sig selv, spørger du dig selv, om du er klog eller dum ... hvad vil du dog så svare?

Man orker næsten ikke at gå samtlige kontekst-bestemmelser igennem, og man kan jo heller ikke, men man kan jo svare ud fra sig selv, fx gennem dette; hvori ligger min begavelse ... mit talent? Hvor er jeg dum ... og hvor er jeg klog (nok) ... er jeg overhovedet kløgtig?

Noget må man jo kunne sige; er man smart, erfaren, taktisk, snedig, lusket, strategisk, vidende, kærlig, følelsesfuld, intelligent, etc., etc., hvad siger du? Har du nogle talenter ... en begavelse?

Måske er man rigtig dum, når man går rundt, eller lever, som man nu end gør, på en sådan måde, at man bliver ved med at lave den samme fejl, de samme fejltagelser, således forstået, at man enten gør sig selv og andre fortræd, agerer så at sige uhensigtsmæssigt, kører i hegnet, ud fra en ide om at man skal kunne komme videre, altså når man hænger fast i sindets kroge, skarpe og sylespidse, eller man forsvinder eller fortaber sig i sindets afkroge, dvs. dybe og dunkle og dermed dystre stillestående moser i sindets sære og nærmest patologisk set giftige arnesteder; måske er man dum, når man psykisk set er dysfunktionel... kører rundt i det samme, igen og igen, uden at

have styr på det meste/noget, impulsiv, affektiv, alt for umiddelbar ...
uden ... eller ude af ... kontrol? Når man mister/mangler helheden...

Men måske er man ligeså dum, når man tilstræber og optræner
kontrol og disciplin (a la det autoritative samvittighedssystem), kort
sagt søger styring over sindet, for det kan jo være nogle af de kroge
som sindet reproducerer med uendelig høj hastighed, som man gør
brug af, og derfor kommer man alligevel aldrig bort derfra, bliver
afkoblet ... eller i det hele taget, når bare et eller nogle skridt videre...

Replikker til Søren K (AUE)

Det kan godt være at mødet med Søren K. kan gå forskelligt af,
såsom fx svært, ligegyldigt i den ene ende og stort begejstret og deci-
deret bjergtaget i den anden ende; her har jeg i henved 20 år vandret
omkring, langs med og forsøgvist ind i og omkring i hans forfatter-
skab, og det forholder sig således, at jeg stadig bøjer mig i støvet,
faktisk mere og mere, end tidligere.

Ligefra fx angst-bogens vanskeligheder, afhandlingen om ironi, og
alle de flotte bøger i begyndelsen som bl.a. Enten Eller, Frygt og
bæven, alt det om gentagelsen, etc. og ikke mindst hele respekten for
sygdommen til døden, og kærlighedens gerninger; så meget vid og
klogskab, og nærmest ekstatisk ekvilibrisme kan end ikke sammen-
lignes med de oplevelser det er, at gå længere og længere ind i hans
afsluttende uvidenskabelige efterskrift (AUE).

Sådan set er Smulerne ikke specielt klare og tydelige for mig,
vanskelige og sådan lidt rodet og knudret, og virker til at vise eller
gengive sådan mere ironisk (?), at der er rod i bl.a. de aristotelske

kategorier, og hvad værre er, at hele den græsk inspireret tænkning udi og endog op i den tyske tænkning er helt og aldeles fejlslagen. Hvis dette er ideen med Smulerne at vise dette morads, så er jeg med, og forstår ganske godt og meget bedre AUE, selvfølgelig i al bukken og skraben...

Men her har vi mesteren i spil, og alle mere eller mindre systemiske tænkere og praktikere i dag samt ikke mindst historiske materialister (a la Marx) (og idealister; og mon ikke der stadig er nogle tilbage) må gå helt i næsegrus, og nok ikke af begejstring og beundring, men som resultat af oplevelsen af at blive slået helt og aldeles ud på alle nive-auer og med stort set alle de retoriske virkemidler, der kan gøres brug af indenfor skriftens kunstart og udtryksformer.

Helt ærligt; alt peger mod inderligheden, subjektiviteten, hvor også etikken bor og gror, hele troen, øjeblikket, den evige salighed, alt sammen i modstand mod systemet og den verdenshistoriske inter-esse. Det er så sejt som noget kan være inden for den genre vel-sagtens. Læs den! Her er det bedste, nyd den og dyrk den som en god, lang symfoni, endog som en strofe, en melodi, og se hvordan en mesterlig dansker endda, viser hvad der er det vigtige, og hvordan man skal vise det ... ovenikøbet...

Og selvsagt vil det virke voldsomt intellektuelt, og noget gammeldags, jf. sproget fra omtrent 1845, men nyd sirligheden, humoren, slag-kraften, overskuddet, og ikke mindst indholdet og budskabet, alle disse billeder og henvisninger samt ikke mindst alle de meget klare sætninger omkring hvordan man skal være, og tåle at være, ét men-neske ... hvilket er det samme som at indse og erkende at livet (jo) stadig er uafsluttet, eksisterende, i aktivitet ... uden abstraktion og verdenshistorisk fata morgana... intet system og ingen spekulation...

Således falmer vi alle i dag over denne ufattelige erfaring af forfaldet, hvor de nulevende såkaldte filosoffer i DK vel højest kan opnå nåde om at komme i retning af nærheden af Søren K's lakrids mellem tæerne; hvordan kunne det lade sig gøre at fostre et sådant tilfælde? Fantastiske sammenfald med økonomi, tidens strømninger, intellektuel prægning og dannelse samt psykologiske spændinger... og vilje til at gøre det, skrive, formidle, og læse, sig ind i dette, ikke mindst... dumhed eller klogskab; sære og sindrige fabrikationer...

Om klogskab

Ja, hele denne opvågning, denne intelligens, der snor sig ind og ud af sindets genvordigheder, har i mange, mange år gået under mange, mange forskellige navne, dekreter, dvs. som påbud fra en leder eller ledelse, bulletiner, dvs. offentlige meddelser til folket; alle disse betegnelser for intelligensformer, hvor specielt den spirituelle klogskab synes at kunne indhente en del bevidsthed herom.

Man kan selvfølgelig være, og skal nok også være, verdslig kløgtig, dvs. kunne begå sig i verden, klare sig, overleve, Maslow's nederste trin velsagtens, men også denne finere form for praktisk klogskab, der ligger i opførelsen, dannelsen, og hvorfor ikke også den tekniske og poetiske kløgt, hvad angår at skabe og være produktiv, ja, selv den mere videnskabelige og teoriske klogskab, kan og gør sig vel stadig gældende. Økonomisk klogskab? Økologisk?

Og hvor ligger således den filosofiske kløgt, og ikke mindst den psykologiske klogskab som afstedkommer af sit arbejde med sig selv, hele selvindsigten og selvforholdet; hvordan er det nu lige det foregår; og hvad er det, at det er? Hvordan ved vi om vi er kloge, og hvem der er kløgtige?

_____

_____

_____

_____

_____

Man må i det mindste kræve en stræben, og en søgen, en art modsætning til at være distræt og alt for abstrakt, det kræver vel at det enkelte menneske, dels erfarer sig selv som dette, og dels formår at arbejde sig rundt i og omkring samt ud af sig selv og sit sinds såkaldte kringlekroge; man kan eller skal vel velsagtens intet andet. Komme til stede, skabe åbning for en tilstedeværelse, der ikke er bundet af, indfanget i sindets kroge og afkroge; slippe sindet, kontrollere sindet, bremse sindet, være sindig, fuld af sind, besindig; klogskabens projekt. Hvor er sindet ikke?

Så hvad er det for en form for maskine sindet er, skal være, og hvor skal man dreje på knapperne, den maskinelle anordning det er, at leve, og blive til? Hvor skal man gå ind sådan mere specifikt, når man gerne vil justere på fabrikkens grundstrukturer, dreje lidt på valserne, fjerne eller korrigere fabrikationernes mønstre ... i sidste ende med henblik på nogle andre produktioner i form af adfærd, udsagn, værensform, bevidsthedsfelt og oplevelsesrum, m.m.?

Man kan spørge sig selv; hvor skal jeg starte, hvad kan jeg se, hvad er irriterende ved mig selv; hvor er det nu lige at jeg agerer mest åndsvag ... overfor mig selv, overfor andre; og derfra samtidig overveje, hvilke kriterier hvorfra disse tanker og refleksioner knyttes og stammer fra; sindet er jo i og for sig multi-dimensionelt, og formår i et langt stykke henad vejen at opretholde kendetegn som vedholdenhed og finurlighed ... sindet sniger sig bag på den i os som arbejder hermed; meget elastisk og nærmest som et blødt og samtidig ganske hårdt plastisk materiale. Kys sindet...

Det bedste man kan gøre, er at iagttage, opleve, sindets virkemidler og udtryksformer samt arbejdsmetoder, simpelthen indstille sig på ikke at gøre noget, men blot registrere, ikke tilføre, opleve, studere, observere, og nøgternt notere sig, uden domme, m.m., meditere...

Thanos Pal

13

Filosofiske frakturer ... og ikke smuler; eller bare en smule

For så vidt kan vi nu både tale og skrive om frakturer og fragmenter i filosofisk forstand, og selvom at smulerne eller krummerne, som samtidig spiller på blot en lille smule (jf. Søren K.), ganske passende peger i samme retning, som det kommende, er der trods alt noget med at bryde og brække itu, som krummerne ikke rigtig formår at få indfanget.

Selvom at begge betegnelser, alle snarere sagt alle fire; 1) frakturer, 2) fragmenter, 3) smuler, 4) krummer, vidner om noget fælles i dets intention og havde jeg nær sagt, begrebslogiske mening og forstand; nemlig det sparsomme, sporadiske og spredte aspekt herved, som en mængde puslespils-brikker, der langt fra endnu er begyndt at kunne samles, blive samlet, selvom dette; så mister krummerne og smulerne, specielt det stærke, dramatiske og irreversible, der ligger i frakturen, nemlig bruddet, og endvidere kommer vi også forbi det noget tilfældige aspekt, der kan ligge i både en smule (som mængde) og i smuler, forstået som krummer på gulv, bord eller gadeplan.

Og hvad angår det fragmentariske eller fragmenterede, så vidner dette jo om levningerne og resterne, og i ledtog med frakturen, er der således tale om en art brudte levninger og knækkede rester. Og hvad angår hele den filosofiske front, hvad angår fraktur og fragment, må dette jo sigte på denne erfaring, der knytter sig til erkendelses-frembringelse, oplevelsen af indsigt, sandhedsviljen, åbenbaringen samt ikke mindst kærligheden og venskabet. Altså hele det livsførende kredsløb og de tilværelsesmæssige rotationer, som cirkulerer sig ind og ud af tiden, der går, kommer og løber ... og til sidst forsvinder...

Således kan vi sige at der hermed sigtes på de erkendelsesmæssige brud, levninger og rester, fra et liv med overvejende stort fravær af sandhedserfaringer og indsigtsfulde episoder samt øjeblikke med betydning og visdom. Med andre ord skal disse brikker nu samles, eller det viser sig ganske hurtigt, på et givet tidspunkt, hvor perioderne, store som små, lange som korte (ift den kronologiske tidsførelses og forståelses linearitet), at processen er revers, forstået på den måde, at den samlede set store åbning, livets lysning, træder frem, kommer til orde; at brikkerne, så at sige, altid har ligget der, men at det sådan set blot har handlet om, at perforere sløret, hinden, således at skallerne kunne falde af ... falde fra... hinanden...

På det tidspunkt, hvor dette nærmest sker mere og mere af sig selv, som når kyllingen er kommet ud af ægget, og der sidder nogle enkelte skaller fast endnu, som falder af hen ad vejen, og andre billeder kunne ligesåvel understrege denne pointe og dette billede af sandhedens tilsynekomst i tilværelsen og gennem den enkeltes daglige livsførelse. Skallen, der i og for sig må sammenstilles med personlighedens struktur eller dannede form, mønstre, regelmæssige og reproducerende fabrikationer, kort sagt; sindet, når dette indtræffer hyppigere og hyppigere, så hviler sjælen, det menneskelige væsen i sit metier, dvs. i sin beskæftigelse og sit hverv, som i bund og grund er at være i fred og fyldt af kosmisk kærlighed.

Så er man kommet hjem i en tilværelse, som man altid i abstrakt forstand har været hjemme i, men nu som konkret og faktisk praksis, og jo det kan sagtens gå stille af, når endnu et sind ligesom smelter sammen i og med sit ophav; således er dette geniune erfaringspunkt, når det kommer til stykket, ganske udramatisk, således ikke som en supernova eller som en fødsel; knap nok noget at skrive hjem om...

Intetkøn … intet skøn, intet skønt, ikke skøn; men køn, intet køn

Hvis nu man var et rigtigt neutrum, altså oprindeligt fra *neuter*, så ville man jo være 'ingen af to', og så ville man være mere (eller mindre?) end bare et intetkønnet navneord, man ville være et levende væsen som hverken er af han- eller hunkøn, eller som har et svækket eller u-bestemmeligt kønspræg, og dette er vel muligt. Man ville måske være lige præcis det modsatte af Platons tvekønnede væsner (i "Symposion"); androgynerne, som jo blev spaltet af guderne, dem, der til evig tid ville søge efter deres tabte halvdel; eller ville det græske ord, der jo sigter på "mand-kvinde", eller dobbeltkønnet, med både mandlige og kvindelige træk, stadig kunne vække genklang i dag om en helhed med nærmest sjælelig harmoni, og hvor den erotiske stræben (jf. Eros) forudsætter og tror på en mulig genforening; mand og kvinde i-mellem?

En sær søgen efter det forskelsløse (jf. Alkymiens kvintessens), hvor endemålet (jf Telos) er det samme som begyndelsen (jf. Arché), en art *teleo-arki*, eller en *arkæo-teleologi*, der måske blev fortabt i skabelsesmyter om væsner uden køn eller af begge køn, hvor de åbenbart kan fremtræde som tvillinger eller de kan avle med sig selv, fx ved hjælp af sine ben, og føde unger i armhulerne (og tænk bare på at Eva fremavles af Adams ribben), og tænk bare på Shiva og Shakti, der jo forener den kosmiske dans i et evigt samleje, eller Yin-Yang som en art dialektisk androgyn helhed, Loke, englene, hvem er de egentlig?

Og denne herserende kønsglidning, operationerne, og ikke mindst hvad med 1893-sagen om den tvekønnede forstanderinde, og man kunne jo herved gå videre udi fx spor efter hermafroditten, anima og animus, m.m., og opdage hvordan denne efterhånden personligheds-psykologiske *androgynos* spille sin charme (og dermed tryllesang) for og med hermafroditismen, nemlig det forhold, at det samme individ har både hanlige og hunlige forplantningsorganer, dvs. at være monø-cisk eller, ja, biseksuel, og dermed blande sig mellem ... ind og ud af ... mosdyr, fladorme, lungesnegle; kønsmodne snyltere, vor tids skønne køn, og kønne skøn?

Hele dette konstruerede køn, trippet og sproget herom, og alle disse trans-kønnede forekomster, tvekønnede ankomster, og ligefrem bi-kønnet, pankønnet, og netop cis-kønnet, et tredje køn, køns-dysfori?

At være kønnet, at have og være i et kønnet sprog, og at være køn, som smuk og nærmest skøn, en rigtig køns-forskel, en køn forskel, som i pæn, hvor kyndig og dygtig knyttes oprindeligt an, sådan sprog-ligt set, og så dette med at sidde kønt i det, eller bare at være blevet til en køn plante, det stærke køn og det svage køn, genos, genus, slægten eller slagsen; køns-rollen, eller sexus, at skære, secare, og secus, det anderledes; denne symposiotiske diskussion, denne dyb-sindige fællesdrik... en rigtig læskedrik... lækker læske...

Legekammeraterne

Jo, og alle vennerne, som kom og gik, og blev hængende, vi legede jo bare, eller gjorde vi nu også dette? Vi forsvandt fra hinanden, alle sammen, nogle helt tilbage fra første færd, husker vi dem, i sandkas-sen, i vuggestuen, børnehaven, alle de institutionelle arenaer, og via fællesinteresser, og dem vi bare mødte, alene eller gennem andre, til fester, sammenkomster, hele dette spørgsmål om at søge og finde nogle tætte, nærmeste mennesker, venner, og dyrke, og holde ved lige, vokse, udvikle, venskabet, nyttigt, dejligt, evigt...

Alle dem vi glimtede, var tæt på, mærkede, var langt fra, perifære, hvorhen skulle vi, bare være sammen, forbi hinanden, kigge nærmere på hinanden og os selv i dette blik, disse blik, via disse møder voksede vi måske lidt, grinte, udforskede, var og gik på opdagelse, talte tingene igennem, eller talte netop intet igennem, og bare havde det skønt og dybt uansvarligt, og hele dette venskabelige ansvar, hvordan var det nu at vi kunne honorere dette, altså noget med ære, hæder og belønning, og hvordan var det nu lige at denne kammerat, dette hvælvede rum, hvor vi grinte i et sært kosmisk ekko, og nød vandet drive os til vanvid og lod rumklangen klinge os afsted i den evigt strømmende sløjfe af venskab, tilbage til de romerske tider, og væk herfra. Væk derfra, helt bort og omtrent så langt væk, at alt blev det udgangspunkt, hvorfra vi altid havde været, og udsprang fra igen og igen.

Man ville jo måske så gerne geninstallere hele venskabets cirkulation og sløjfende figur i al sin dynamiske elegance og elastiske arrogance, bare sådan huske dem alle, stunderne, smilene, hjælpsomheden, venligheden, mildheden, kærligheden, og selvfølgelig dæmrede de, og trængte sig på, var trængt ind, bare sådan helt ind, for bare lige at være helt sikker på at de faktisk var der, var sket, og dermed var virkelige? Havde været der ... været virkelige...?

Fars memoirs

Og her sidder man så tilbage med alle mulige esoteriske forgreninger og kuffertord, smuthuller og blanke udtryk; afblanket, og vil så gerne sige og skrive noget om spejlpunkter, forsvindingspunkter, und- dragelser, simpelthen fortælle nogle, sine børn måske, efterkommer- ne om hvordan et liv blev levet, kunne leves, skulle leves, sådan rigtig holde den dér tale, fortælle fortællingen, som nekrologen, eftermælets betydning, helt ind i udsagnet, netop dér, hvor ordet i al sin anoretiske upåklagelighed, tangerer det differential(onto)logiske overfladelir, *cli- namen*, *aliquid*; noget, *confatalia*, skillelinjen, glidningen, hinderne og disen, lagene, planet, snittet ... alle disse indikationer, manifesta- tioner ... og signifikationerne, ikke mindst...

Bare sådan komme med og være den priviligerede tilkendegivelse og tilkendegiver, og sådan rigtig betegne det absurde, denne sandheds- betingelse uden nogle former for betegnelser; hele udsagnslogikkens menings-cirkulerende triade, måske i sidste ende i håbet og ambiti- onen om at levere en overfladevirkning, tilsynekomst, begivenhed, og lade udtrykket som den fjerde dimension, overfladespændingen, og tingenes dybde tage over; et selvberoende *noema*, rene fænomeno- logiske erfaringer i poststruktualistiske forklædninger a la Deleuze...

Og man ser måske at denne *psykoikos* helt og aldeles er gennem- plastret til, jo ligefrem tapetseret i flere lag, hele *psyko-logos*, sjælens ord, fornuft og sproglige lovmæssighed som værende kalkeret med u- sandsynligt mange lag af tegn, som om at den sjælelige husholdning og psykiske økonomi helt og aldeles er gået i stå, og selv det forhold at (kunne) holde tungen lige munden, knibe øjnene sammen, og gå i gang, fratager jo ikke én eller nogen fra at erfare det stive sind (bind 2, dette bind!) og den syrede sjæl (bind 3, næste bind) i faktisk at være faret vild (jf. bind 1; den skæve ånd, forrige bind), som følge af meningens paradoksale og dobbelte tilstande; 1) cirkelslutningerne, 2) de uendelige (logiske) regressioner, dér, hvor cirklerne kløves...

Chris Briggs

Kosmisk energi og spirituel intelligens (en simpel matrix)

Således kan man være nok så vedholdende, som et mindstemål af væren, intrigat insisterende i et mellemrum uden tykkelse, meningens strejftog, ensformig, ens for mig! Gosh; "Jeg er ensformig!" Jeg er ens for mig, den samme respekt, re-spekt-rum, spekt-rum, en u(t)rolig samvittighed, som De ved, i et spektrum, som en pinlig *kalamitet*, en syntaktisk *error*, netop samaordningernes fejltrin, og således kunne alle disse underliggende titler, som fx begær og beherskelse, om at være helt ude i skoven, kedsomhedens gåder, exit-strategier, og ikke mindst alle de livs-tegn i hulen, impulser, undren og den appetitvæk-kende betydning, alle disse ville kunne give filosofi en tilblivelses-modus som en art skizo-terapi, hvor netop spaltningen heles; hvor overtegnet og menings-tilskrivningernes uendelige overgange mellem materialitetens dybder og yder-værens principper og apriori sker.

Når denne gennemfarende kosmiske intelligens raser i de påtænkte advarsler og indstifter muligheden for en art virtuel psykologi og tek-nologisk metafysik, og hvor opdagelsen, opkaldet og opfattelsen ram-mer sjælens øje og nok engang kløver blikket i et panoramisk seks-strenget spektrum, bliver den epistemologiske *meta-hodos* til et genu-int re-spekt-rum ... i mangel af bedre. Velsagtens...

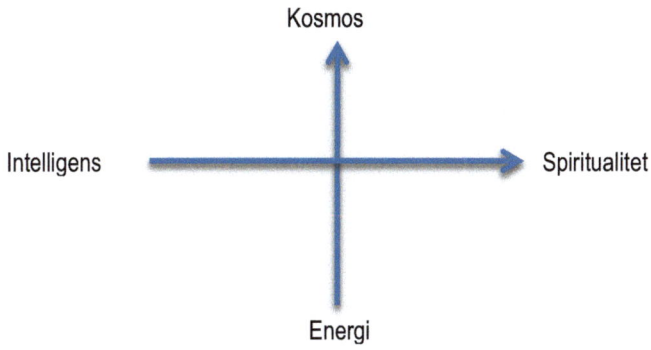

21

Kosmos øverst i krydset

Man kunne derfor påbegynde sin tegnsættende vandring opadtil, så-dan placere et overgribende tegn a la 'kosmos' helt foroven, som den overbetegner, der kan illustrere hele sindets fata morgana og egen-artede kløgtighed, og lade denne linje strække sig, selvsagt med et lod i den anden ende, for netop derfor at kunne tegne og strække en linje, vertikalt til at begynde med, sådan helt model-abstrakt-agtig, og få det til at se ud som, få sig til at se ud som om, at man havde fat i noget stort, og underligge sig selvsamme konstruktion; kosmos er jo vel trods alt større end den subjektive tilkendegiver; jegets placering på aksen, hvor mon jeg er; "Lille Peter edderkop kravlede op ad mu-ren..." ... linjen i, ad og med sit eget spind... tanke-spind... Og når dette højeste tegn var sat, begrebet var på plads, og det kunne i prin-cippet være hvad som helst, og er i princippet hvad som helst, når dette var gjort fast, som det jo er, så kunne det være muligt nærmere at undersøge tegnets indhold, give det mere end blot en form, men netop angive nogle stifter, hvormed og hvori det kunne sidde fast, og sidder fast, sådan set få defineret "det store tegn"; hele rummets over-bygning, og i dette tilfælde ville det fx kunne betyde orden, eller orna-ment, modsat kaos, (dets bagside, bagvæg, bund, negation, tegnets indre anden); univers-tegning ... kosmisk orden ... pleonasme...

Energi nederst i krydset

I denne anden ende, universets lod, tyngden i mønstret, kunne man vælge at placere, netop ikke nødvendigvis et modbegreb (som fx 'kaos'), men et upassende og dermed stiliseret tilstrækkeligt og rimeligt begreb, i dette tilfælde fx 'energi', og i dette spænd ville man så skulle forklare forholdet mellem 'kosmos' og 'energi, og kunne fx postulere, at jo højere man ankommer til en given orden, og i sidste ende "Ordenen", desto mindre energi vil det kræve, og jo mere man forlader ordenen, mønstret, desto mere energi vil det kræve at være til, og i den forstand vil man skulle forklare indholdet af 'energi', fx som et udtryk for aktualitet, dvs. arbejde, værk og virkelighed fra det græske ord *energeia* (og *ergon*) som et modbegreb til *dynamei*, der sigter på potentialitet, og således ville man havne i en (sø)forklaring, hvad angår at få tanken (og sindet) til at tænke orden som energiforladt og uden virkelighed; mønsteret som arbejdsløst, og forklare, hvor potentialet befinder sig på den akse; oplagt vil det være at anstifte muligheden for at kosmos er fuld af potentialitet, og det kunne få visse sindige væsener til at tænke herover. Således vil den kosmiske situation og beskaffenhed være trukket ned af arbejdets værk og virkeliggørelse, og man vil hurtigt bevidne en krydsende og fordoblet veksel-virkning mellem kosmos-kaos og potentialitet-aktualitet, hvilket strækker sig i varighed og rumlighed; i sindets fabrikationer.

Intelligens bagerst i krydset

Når man således har fået udstrakt en absurd åbning mellem himmel og helvede, form og indhold, mønster og kaos, orden og virkelighed, ja, når man har fået opbragt en abstrakt relation mellem aktualitet og kosmisk figuration, må man indse, jf. *meta hodos*, at en sådan meningsløs relation, der i lighed med en art eksistentiel paradoksalitet, rekalibrerer samtlige nødvendige og tilfældige begreber i et uendeligt, cirkulerende moment, hvor hverken horisontale flader og linjer forbliver indespærret heri, eller snarere, hvor netop alle former for fald og rejsning buer udad, således at formen for det veksel-virkende forløb bliver mere eller mindre oval eller elliptisk, som kan få det hele til at snurre, for så vidt at polerne enten smelter i takt med opvarmning eller fryser til i en særegen ubehagelig, fikseret stilstand. Derfor må der strækkes en horisontal kronologi ind i billede, noget der skærer i-gennem, går på tværs af nuets uendelige oscillation, og hvorfor ikke foreslå 'intelligensen' som denne gennemskærende kraft, der snitter det under-liggende (*hypokeimenon, subjectum, immanens*) og over-liggende (find selv disse) frem i en umage spejlende udtryks-form, og således sker det at 'i morgen' og 'i går' opstår, samt at en ligeså oscillerende timelig regression og progression; fremløbet og tilbageløbet, historien, fortid, fremtid, bevægelsen i livet, som det så kaldes, der så at sige går på tværs mellem *logos* og *physis*, bliver ved og ved, snurrende; og intelligensen ligger bag dette, denne kausal-logiske orden, som en irreversibel kronologi; en fremtid kræves... *teleo-logos*...

Spiritualitet forrest i krydset

Hele denne fremtid, håbet, *telos*, formålet, dér, hvor noget, vi alle, er på vej hen, kan komme hen, *eskatologien*, drømmen om progression, viljen og arbejdet, og her fuldendes *crucis* (*crux*), det mirakuløse indtræffer, netop at det nu er muligt at bøje akserne op og ned mod hinanden, således at arbejdet, virkeliggørelsen fx kan få en retning, give mening, have og få et henblik, tanken svømmer over af glæde ved blot at kunne betræde fire kvadranter, lade de abstrakte *resonanter* stimulere sig, og fx tænke forholdet mellem kosmos og spiritualitet i en fremadrettet facon, eller for den sags skyld trække sig tilbage fra en fremtid og et nu, og gå på opdagelse i aktualitetens regressive intelligens, og så fremdeles rundt i forholdene i denne simple kausallogiske matrix, og endvidere kan hastigheden, og cirkulationen selvsagt svimle således, at både tegn og betegnere af over-betegnere, kan få hele stilladset og dermed modellen til at kollidere, og inden det sker, altså når cirklen kløves, og planet i denne abstrakte og mentale plan-geometriske manøvre forsvinder og ophæves; kollaps, findes der jo altid ét bestemt punkt, som er interessant, nemlig skærings-punktet mellem de to akser, ikke blot i forbindelse med konvergerende og divergerende dynamikker og overlap langs linjernes brydningsflader, men præcis i krydsningen, overgangen, (nul)punktet, hvor det blanke ord kan glimte og sige, lige dér, hvor i dette tilfælde, at den kosmiske energi eller aktuelle orden træffer den intelligente ånd eller åndelige klogskab; her etableres en art flygtig og dog væsentlig betydningsstruktur, hvor meningen er og hvor den forsvinder; helt her og helt væk. *Your point and your turn to turn the point; your turning-point...*

25

Mohamed Nohassi

Når mesteren går sin (egen) vej...

Ensomheden er formentlig absolut, og alligevel kan den samtidig erfares som mere eller mindre, dvs. at man kan føles virkelig ensom, som i forladt, og indse at dem eller den man troede at man var sammen med, var eller er gået bort, eller aldrig havde været der, at man vitterlig ikke var og havde andre end sig selv, og således kunne man også blot fastholde dette som et vilkår a la "ensom blandt mennesker" (jf. Sartre), og herved bære dette med stolthed og mod i hjertet, og når oplevelsen af sig selv som elev, discipel, og dermed at en lærer-mester, forsvinder, eller man indser, at vedkommende er forsvundet, og at vejen til dette forsvindingspunkt er vist og fundet, og man stadig kredser herom, og samtidig opnår det moment, hvor faldet ud i den ængstende svimlen, når til et punkt, hvor den svævende balance får det dybe og susende mørke til at opløfte og nærmest oplyse rummet som helhed, går hele den sindige fabrikation fløjten, og den pudsige anekdotiske replik omkring meta-fysik (nemlig som nogle tekster af Aristoteles, der blev placeret efter hans 'fysik', i hans samlede forfatterskab), bliver virkelig, som i virkelig virkelig, da lever sindet i stoisk forstand som i en art nutidig, materiel dybde med udtrykkenes begivenhedsrige og strejfende omgang med ordenes brydning i og med tingenes konstante tilstande...

Metafysisk bliver man således hændt til/som, og som du sikkert ved, er det græske ord *meta* og *physis*, meta betyder udover og physis er jo fysik og senere naturen, (jvf. Romantikken); når fx den platoniske ide-verden, og den dertilhørende fænomen-verden indstifter en erfaring af forskellen herimellem, hvilkets konstant kan give sig udslag på mange måder, som bl.a. beskrevet op gennem den vestlige filosofi-historie (ord som transcendental/immanens tangerer typisk dette forhold også). Mødet med det metafysiske bliver derfor på tværs af forskelle typisk oplevet som et udtryk for noget (*aluquid*) der transcenderer (dvs. overskrider) tiden og rummet (naturen/fysikken), dvs. hvor der hverken er nogen materiel udstrækning (fx ingen tyngdekraft, som vi kender den normalt) eller for den sags skyld nogen mulig kronologisk varighed (tiden eller oplevelsen af samme sættes også ud af spil). Således kendetegner den meta-fysiske erfaring tidens unddragelse (deraf fx evighed hos Kierkegaard og hans begreb om øjeblikket; som jo er brydningsfeltet, momentet mellem meta og fysik), og at rummet opløses (deraf Heideggers begreb om angst; hvor, som det hedder hos ham, at det værende glider én af hænde, m.m.). Således mister man grebet af og interessen for den måske anstrengte og besværlige, pragmatiske positivisme, og meta-fysisk vil man vel-sagtens blive ved med at blive og være uanset om man kender til udtryk som fx fænomenologi, hermeneutik og ontologi, der hele tiden kredser ind og ud af det metafysiske ... blandt mange andre; disens sug over engens træk...

... på mange måder kan man sige (som Kant er inde på med gæld til Descartes) at det metafysiske er erfaringen og efterhånden livet i det a-tidslige og a-rumlige; en apriorisk himlen, og at udtryk som "sted" samt episode og periode ikke giver mening (således absurd), da metafysik peger på og udtrykker et ikke-sted (*u-topos*, *topos* betyder sted fra græsk, jvf. *U-topia*), og at man derfor ikke kan bruge udtryk som område herom, eller erfaring heraf, m.m. Mange vil derfor også sige at det metafysiske er umuligt at sprogliggøre (jvf. Fx Wittgenstein, m. fl.), og at man højst kan pege i retning af metafysiske erfaringer (hvilken retning er den den fjerde dimension a la russisk filosofi, zen, m.m.?)... så på mange måder er det meta-fysiske, hvad nogle vil betegne som dybt ængsteligt a la Heidegger og erfaringen af det han kalder for den ontologiske differens, meditative erfaringer, hvor sindet opløses i alt (jvf. Samadhi tilstanden inden for yoga-traditionen og satori-erfaringen indenfor zenbuddhismen);

... det kan også tangere æstetiske oplevelser a la Schopenhauer og andre, hvor man ... og det hele ... forsvinder i lyd/musik, poesi, billeder eller/og naturoplevelser (Kant er inde herpå ift mødet med det sublime i hans tredje kritik-bog) dvs. skønhedens meta-fysik. Således kan psyko-inducerede oplevelser (via fx svampe, ayauascha, LSD, mescalin = psykodeliske stoffer) "bøje", det, som Kant kalder vores fundamentale anskuelsesformer, nemlig tid og rum samt relativt nor-male perceptions-registre, hvilket det jo gør (skal jeg hilse og sige). Men rumligheds-fornemmelsen og tidserfaringen er der stadig under sådanne påvirkninger, også selvom vise glimt af tomheds-erfaringen (jvf. Satori; den absolute meningstømning a la Barthes) kan register-res (men ikke af nogen bestemt, som fx én selv) ... Der er bare ... hvilket jo er Heideggers yndede forsøg på at gøre værens-erfaringen (via angsten som en værensåbenbaring) til en metafysisk erfaring... at'hedens blanke tegn... lige præcis dér, hvor *Denken* bliver til *Danken*, hvor tankens taksigelse indstiftes af *aluquid*, og mennesket indser sig skabt af noget større end sig selv ...

Angela Compagnone